**DEBUT D'UNE SERIE DE DOCUMENTS
EN COULEUR**

ALPINUS

IMPRESSIONS

D'UN VOYAGE

en SAVOIE et en DAUPHINÉ

VOIRON
IMPRIMERIE A. MOLLARET, RUE DES BAINS
1897

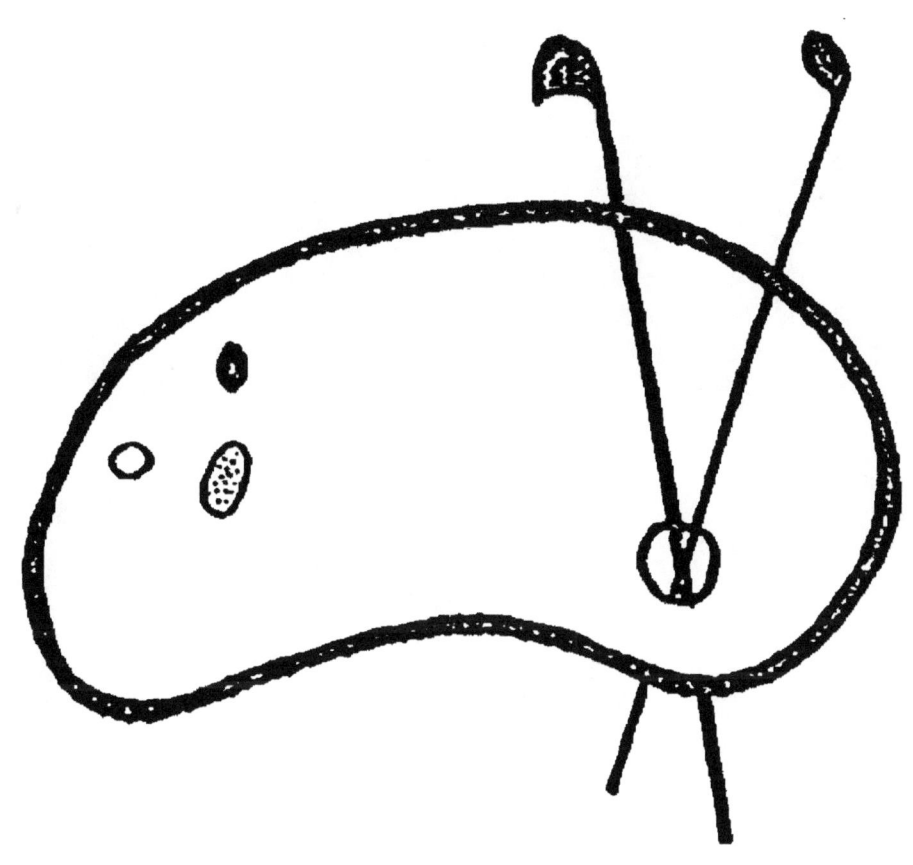

FIN D'UNE SERIE DE DOCUMENTS EN COULEUR

20/98

IMPRESSIONS
D'UN VOYAGE
EN SAVOIE ET EN DAUPHINÉ

Cloué par les ans, je viens pourtant d'accomplir, par destinée singulière, un voyage fantastique. La sagesse eut été de demeurer cloué chez moi ; l'éternelle friandise des beaux lieux et des beaux esprits m'a fait dérailler de la sagesse. Ce voyage vertigineux j'osai l'entreprendre.

J'en suis revenu, charmé par l'oreille, par l'esprit comme par le cœur, fourbu par tout ce qui me reste aux membres d'un peu valide. J'en suis revenu le cerveau plein d'impressions tumultueuses,—historiques, archéologiques, lacustres, oratoires et culinaires Telles quelles j'entends vous les dire, bien que je les tienne pour indicibles, tant elles m'obsèdent, enchevêtrées.

⁂

Le comte de Galbert, mon honorable ami, m'avait dit ceci : — « De concert avec l'Académie de Savoie, notre

Académie Delphinale fait une visite officielle à la percée des Echelles par Napoléon I•ʳ, à la percée des Echelles par Charles Emmanuel II, à la percée des grottes des Echelles par l'aimable homme lacustre qu'est M. Perrin, que l'Académie de Savoie s'est approprié et détient en qualité de bibliothécaire perpétuel, — et finalement une visite universelle à toutes les richesses qui sont l'écrin de Chambéry, cette capitale glorieuse si sagement cantonnée aujourd'hui dans son histoire. — « C'est pour dimanche, ajouta de Galbert. Notre Académie récoltera à Voiron les Académiciens de votre cité. Vous n'êtes pas académicien mais je vous présenterai. »

— « Eh bien, va ! lui ai-je répondu. O prestige et confiance aveugle qu'est l'amitié ! Le comte de Galbert est un terrible homme ; quand on le charge du programme d'une journée, tenez-vous assuré que son canon sera bourré jusqu'à la gueule.

Je m'étais éveillé craintif. Deux Académies à la fois ! me semblait formidable, à moi qui ne saurais parler ni monuments disparus, ni d'Hérodote et non plus de Denys d'Halicarnasse. Mais je devais être tôt rassuré et le fantôme bien vite évanoui. Dès Saint-Etienne-de-Crossey ma journée, j'en étais assuré déjà, était de celles que les vieux Romains saluaient et marquaient d'une pierre blanche, *albo notanda lapillo!* Je devais la passer tout entière au sein d'un aéropage exquis, représentant par excellence, — Chambéry, la Savoisienne, Grenoble, la Delphinale, et de plus encore, — ici je baisse le ton de mon pipeau de plusieurs octaves, — et de plus encore Voiron, la foudroyée.

Le foudroiement n'est point une grâce, mais il est parfois une leçon. Si le foudroyé sait en tenir compte, la leçon devient une grâce. Je suis philosophe à ce point.

Voiron, huit heures du matin ; un doux soleil sur une aimable nature mouillée ; le Saint-Béron, sous les armes, semble siffler un triomphe. Sur le quai MM. Paulin Vial et Ronjat, le groupe académicien de Voiron ; mais où donc peuvent être Ogier et Charles Blanchet ? Ces deux-là sont des errants et des vagabonds : en route, subitement, ils rejoindront quelque part.

Le P.-L.-M. nous verse l'Académie Delphinale; nous montons tous avec entrain dans les wagons endimanchés du Saint-Béron. Très aimable et très empressé, le directeur, M Colas, nous fait les honneurs du train spécial qu'il a préparé.

**

Le train spécial est un enchantement. Wagons, banquettes, agencements; rails bénis emmitouflés de caoutchouc, pleins de tendresse. Après l'*Enfer de Dante* Milton nous a légué le *Paradis perdu*; le Saint-Béron est proclamé nous rendre le *Paradis retrouvé*. Mais aujourd'hui chacun sait ça.

Dans ce paradis je retrouve Marcel Reymond, le critique d'art et le plocheur delphinal; Prudhomme, notre archiviste disert, l'aimable Ferrand et d'autres encore. J'aperçois M. de Beylié et je fais la connaissance de M. Rey, président de l'Académie Delphinale et qui, dans cette journée nous dirige. Me voilà déjà rassuré; je retrouve encore Fritz de Maisonville.

Celui-là, par exemple, tenez-le pour dangereux. Il a du bon Grivel la verve sarcastique, mais il n'est point suffisamment dévot à la science. En telles expéditions je vous le dénonce comme un insoumis. Non ! il n'est pas comme je le suis un auditeur bénévole et profondément convaincu.

Deux ecclésiastiques aimables, l'abbé Martin et l'abbé Nuffier complètent à souhait, dans les salons du Saint-Béron, la représentation de l'Académie Delphinale.

**

Nous cheminons dans les méandres délicieux de Coublevie, le cloître élégant et paisible des Dominicains vient nous passer aux yeux; dans nos salons le bien être du corps et de l'âme anime les conversations. J'en retiens une et je la dis; je suis un touriste reporter méticuleux.

Messieurs de la Société d'Initiative, votre corporation

est touée pour des efforts intelligents. *Grer: bloise*, elle l'est, sans peur et sans reproche ; mais peut-être n'est-elle pas suffisamment *Dauphinoise*.

Des esprits, aigris peut-être un peu, mais des esprits convaincus et qui raisonnent serré, estiment que l'intention n'est pas délicate de prétendre incarcérer, aux temps où la cigale s'escrime, les touristes de l'univers entre le Pont du Drac et la Croix-Rouge. Ils prétendent que l'échec de l'Hôtel Lesdiguières vous devrait être une leçon suffisante.

Et ces esprits m'ont paru décidés à vous prier en chœur, à vous prier en grâces, d'édulcorer vos tendances et de considérer qu'au delà d'Echirolles et de la Buisseratte, c'est encore le Dauphiné.

Personnellement je ne suis pas associé à cette requête, ah, certes non ! Mon *Taillefer*, on vient aujourd'hui de l'outrager d'un téléphone, des notaires montent sans essoufflement à la *Croix de toures ores*, j'entendis parler, nier, de conduire le Président de la République à *Charmant-Som*. Il me reste à mourir désespéré.

Mais, dans ma tombe, j'emporterai l'humeur de notre immortel Ravanat, lequel fut contraint de monter sans trêve, lequel j'ai vu s'enfuir de *la Monta* pour monter à *Proveyzieux*, puis, s'enfuir de *Proveyzieux* pour monter jusqu'à *Plantay*, et, de *Plantay*, toujours monter et toujours s'enfuir jusqu'aux *Charmettes*, — poursuivi cruellement sans trêve ni repos par les bourgeois de Grenoble qu'il apercevait, le dimanche, venir à lui avec un melon sous le bras.

Saint-Etienne-de-Crossey et le val de Saint-Aupre, val Virgilien, si frais, si coquet et si terrible à la fois, repaire des cyclones. Une pensée géniale me vient au cerveau. Seul peut-être dans cette assemblée et dans cet exode, je ne suis pas académicien. Payer en nature mon écot à la science serait délicat et me soulagerait d'autant du fardeau de ma reconnaissance.

Or, mes maîtres ! Voici le Crossey et, dans le Crossey,

moi seul suis détenteur de grottes. Les grottes du Rocher de l'aigle, j'en pris possession, il y a beaucoup plus d'un demi-siècle, et, depuis, nul mortel ne les visita. Ce n'est point là pour elles une recommandation, il s'en faut ; mais ces grottes sont formidables, elles sont miennes, je vais en faire la présentation et les honneurs, *de visu*, à mes doctes compagnons de cette journée.

Je demande alors à l'aimable M Colas, qui nous fait glisser si doucement sur les rails, de ralentir *pianissimo* en cotoyant le Rocher de l'aigle. Il me l'accorde avec grâce.

***

Voici le Rocher de l'aigle, la roche maîtresse du val rocher du Crossey. — « Messieurs, leur dis-je, *ore rotundo*, l'heure est venue, tous aux fenêtres. » Et tous avec obligeance se rangent aux fenêtres.

Je leur dis ensuite, étendant mon bras : — « Au sein du roc vous apercevez une large bouche. C'est la *Gueule du four*, la sortie des grottes. Ces grottes ont ce mystère qu'on ne saurait en sortir par où l'on y est entré. Et ces grottes sont innombrables autant qu'elles sont secrètes ; elles ont, dans le roc immense, deux étages superposés. »

Toujours le train se mouvait *pianissimo*; nous étions balancés comme en un berceau.

Un peu plus loin je pus dire, toujours étendant le bras : « Vous avez vu leur sortie ; mais leur entrée est invisible dans la sommité. » Et je leur montrai du doigt leur entrée.

***

Mon auditoire avait écouté avec déférence, Maisonville seul un peu goguenard, — fut-ce que j'avais montré clairement du doigt l'entrée invisible ? — Mais pourtant sont attitude demeura à peu près convenable.

Toujours est-il que j'avais soldé mon passage au tourniquet de la science. J'étais libre et soulagé.

Saint-Joseph-de-Rivière, Saint-Laurent-du-Pont, Entre-deux-Guiers, les Echelles. Nous sommes en Savoie.

***

Sur la noble terre savoisienne, trois *missi dominici*

éminents de l'Académie de Savoie nous reçoivent. M. Perrin, déjà nommé, dont je fais la connaissance et que je devais admirer dans cette journée, un savant sachant endimancher agréablement la science, le colonel Trépier, haute taille et figure fine, dont, à table, je devais goûter l'esprit fin, M. Dénarié, avocat, vigneron, gentlemen, homme de foi, — un homme dont on s'efforce de suite à captiver l'amitié.

Des calèches, de beaux breaks attelés nous conduisent au roc percé par Charles Emmanuel II; c'est ici l'affaire et le triomphe de M. Perrin; il explique le monument commémoratif, il fait visiter les grottes et les explique pareillement.

Les grottes des Echelles sont les filles de M. Perrin, nul jamais ne les arrachera de son cœur. Elles sont belles, très belles, majestueuses, mais leur majesté n'est pas suffisamment sèche, Fritz Maisonville y a mouillé, et ce fut justice, quelque peu ses brodequins aux pieds et beaucoup plus encore son chapeau sur la tête. Il en est sorti sardonique.

En outre des grottes et du monument royal nous visitons l'antique pont du *Guiers-Vif*; ce pont nous ouvre sur le torrent les perspectives des gorges du Fier. En toutes ces rocailles le véhicule est le *mocassin*; *une Dame*, notre unique compagne, dont la grâce exquise, durant la journée entière, devait faire notre admiration affectueuse autant que pleine de respect, cueille aux gorges du Fier toute une gerbe d'œillets barbus rose tendre dont les parfums alpestres la font se pâmer d'aise. Elle m'en demande le nom et par miracle je le sais. — « Madame, lui dis-je, en cet œillet réside précisément, je crois, le vrai secret du charme de la liqueur des Chartreux. Les Pères le font cueillir sans relâche. — L'aimable femme a la bonté de me prendre pour un botaniste ; elle me témoigne une grande considération.

A midi déjeuner simple, excellent, bien servi, à l'hôtel Durand, sur une vaste terrasse couverte. Une exquise décoration de feuillage. M. Rey préside une belle assistance enjouée. J'y savoure le voisinage du général Levet, un charmeur par sa simplicité et son attirance.

Les voitures nous ramènent à nos chers salons du Saint-Béron. C'est alors les gorges de Chailles, le beau château du comte des Garets ; nous nous heurtons au P.-L.-M. et nous nous distribuons émiettés dans les wagons de Sa Majesté.

La grandeur n'est point toujours le bonheur, et c'est là que le Saint-Béron reçoit la couronne de nos regrets et de notre reconnaissance. — « Que sont-ils devenus nos salons du Saint-Béron ; qui nous les rendra cette mollesse du rail, ce plein air délicieux et cette coquetterie des agencements. » Calypso pleurant Ulysse.

Nos pleurs, toutefois, ne nous empêchent point d'admirer. Ce sont d'abord les méandres et découpures fourchues du lac compliqué d'Aiguebelette, asile des carpes dodues ; c'est le mont du Chat vu par le dos, portant des forêts aux épaules, alors que je ne savais de lui que sa figure sèche que l'on voit du lac du Bourget ; et c'est, après, la cascade de Coux qui nous annonce notre entrée en cette terre Chambérynoise si luxuriante, que viennent enrichir encore tant de belles demeures historiques et tant de souvenirs glorieux.

Le P.-L.-M. dévore l'espace, mais mon cicerone Académicien me montre du doigt — le château où se maria Lamartine, la colline où se rencontre la maison plus modeste qu'aima Ducis, les bois touffus qui servirent de retraite au cardinal Billiet.

Là le train siffle son arrêt, nous sommes en gare de Chambéry, une foule considérable fait cortège, nous paraît-il, à l'Académie de Savoie qui nous attend et nous accueille avec courtoisie.

Nous retrouvons là trois Grenoblois encore, l'aimable Doyen Dugit, tant goûté de ceux qui s'y frottent, et MM. de Crozals et Fournier, professeurs distingués.

Les richesses de Chambéry, celles qui peuvent se voir,

celles que l'on tient closes, nous les avons toutes visitées ce jour là, en des courses vertigineuses, à la lumière d'un ciceronage toujours très savant mais toujours aimable Pour mon compte, j'atteste que, ce jour là, Messieurs de l'Académie de Savoie m'ont instantanément et profondément inoculé Chambéry.

Eh bien ! Messeigneurs, Chambéry est une noble cité qui n'a point fait table rase. N'y cherchez point l'architecture hâtive et monotone des entrepreneurs qui s'essoufflent, à l'heure présente, à vous faire votre Grenoble neuf et précipité, aux sommités plates.

Ici les sommités sont surmontées et commandées de toutes parts par les vestiges de la grandeur, — par les donjons et les tours crénelées qui disent la guerre et la gloire, par les flèches et les campanules qui disent la foi, par ses hautes et fortes murailles qui disent la Monarchie. Non ! Chambéry n'a point étouffé son histoire.

.

Et le plus ancien, le plus élevé, le plus majestueux des monuments qui s'élèvent aujourd'hui sur la cité, c'est sans contredit le mont Nivolet. Le mont Nivolet est une montagne incomparable qui ne saurait manquer d'avoir fait l'admiration des âges les plus reculés; Chambéry a résolu de la couronner par une arche.

Non point l'arche d'un pont mais l'arche de Noë. Une légende vermoulue semble d'abord s'y opposer un peu, mais les légendes s'évanouissent. M. Perrin, délégué au mont Ararat, en est revenu sans avoir trouvé le moindre vestige d'arche ou de palafittes.

Nivolet ou mont Ararat, au lieu de tant sauver les hommes il eût été plus sage à Noë et plus profitable à nous de planter la vigne et de planter là l'Humanité.

.

A six heures, au restaurant Carron que je vous recommande, une vaste salle est emplie d'une table splendide en fer à cheval présidée par le général Borson.

A la noblesse scientifique de Chambéry viennent s'additionner les représentants de la noblesse héraldique de la Savoie. M. le chanoine Mailland s'y rencontre avec les aimables abbés, nos compagnons. Eclairée par une inondation de lumière et de fleurs, la salle est féerique.

Elle est féerique, mais elle enferme un cyclone ; le cyclone, je vais vous le dire.

.•.

Au juste milieu du centre courbé du fer à cheval, derrière le général Borson, une vaste table de marbre soutenue par une solide membrure porte deux escadrons de Chevaliers au casque d'argent. L'un est commandé par le colonel Cliquot et l'autre par le colonel Rœderer. L'effectif est de cinquante chevaliers. Leur mission est de mettre en bouillie les cervelles de ceux sur lesquels ils vont fondre.

Et, du potage au massepain de la fin, c'est une cascade de Coux de Champagne.

.•.

Au dessert le général Borson se lève tenant un papier. — « Messieurs, dit-il, l'heure n'est pas, l'heure n'est plus, à moi de lire un discours, à vous de l'écouter ou bien de l'entendre. Je vais vous dire quelques mots seulement. » Brave général et digne Académicien !

Les quelques mots ont été superbes. Cette noble figure illuminée de l'amour des grandes choses et de l'amour de la patrie, cette voix sonore, ce geste sobre, m'ont rappelé Bugeaud, qu'il me fût donné d'entendre, — Bugeaud, le tribun militaire et patriotique.

.•.

Après le Général, M. Rey s'est levé. l'Académie de Savoie venait de saluer, l'Académie Delphinale allait répondre.

M. Rey est un professeur distingué, dès longtemps naturalisé Dauphinois. Il est l'auteur de livres très estimés. Sa pensée est élevée, sa parole est élégante ; la flamme qu'il est bon d'avoir, il sait la mettre à point dans sa poitrine.

Après M. Rey, c'est Marcel Reymond. Ici nous retrouvons le Mateysin disert, le chercheur qui sait trouver et que Grenoble rencontre à son aide en tous ses besoins littéraires. Sa parole est académique, elle est mesurée, elle est sympathique.

.*.

Mais voilà qu'une rumeur s'élève, dans les profondeurs du vaste fer à cheval. La rumeur est un *vox populi* : « Descotes ! Descotes ! » et le *vox populi* hisse Descotes sur le pavot de la tribune.

Descotes, c'est Catilina. Ici je m'explique : Il a de Catilina le *pectus* dont nous parle Horace, il a sa fougue ardente et son prestige sur les hommes assemblés ; c'est un entraîneur des foules. Seulement au lieu de les entraîner au pillage, il les entraîne aux sentiments généreux, à toutes les pitiés, au sacrifice. C'est un Catilina retourné, un Catilina selon Dieu.

Et Descotes c'est *quelqu'un*, et quelqu'un de haute marque en Savoie.

.*.

Catilina s'est montré comme toujours merveilleux. Sa vaste poitrine, bourrée de champagne comme les nôtres sous l'irrigation de la cascade de Coux, s'est allumée en punch gigantesque. Sous les flammes de sa parole, en ce moment-là, il nous eut menés tous au combat, nous faire casser la tête.

Mais tout n'était pas fini ! On venait d'entendre Chambéry, Grenoble ; le besoin se fit sentir d'entendre à son tour Voiron la foudroyée. Une courtoisie insistante, invincible, inouïe, m'obligea alors à prendre possession de la tribune à la façon dont un supplicié prend posssession de la roue ou du chevalet.

Je suis un écrivain sincère et ne voudrais point vous tromper ici. Ma cervelle était en bouillie et n'a point encore aujourd'hui recouvré sa consistance. Ce que je vais écrire, je crois l'avoir dit, ou bien peut être ai-je dit autre chose. Considérez que j'avais absorbé durant la journée entière l'ébriété de la science, l'ébriété des propos courtois, l'ébriété des locomotions compliquée, et que sur toutes ces ébriétés la capitale savoisienne venaît de verser encore les flots de sa cascade de Coux de Champagne.

°

J'ai du d'abord, — je n'y manque jamais, — saluer tout le monde avec la courtoisie nécessaire. J'ai dit ensuite probablement :

— « Messieurs, l'heure est propice, l'heure est venue de ne vous rien cacher. Je suis *Communard* et *Provincial*. Je suis communard, apercevant ma commune n'être plus maîtresse aujourd'hui d'aucune de ses volontés légitimes, et j' des amis dauphinois, plus Provinciaux encore que je ne sais l'être moi-même — lesquels prétendent que la France notre mère, depuis qu'elle nous a chapotés en départements, en prend bien à l'aise avec nous et se montre avare, quelque peu, du respect des contrats qui nous unissent à elle.

Ils estiment encore, ces provinciaux incorrigibles et convaincus, que l'émiettement a fait la poussière, que Paris s'est fait trop capitale, capitale à l'excès, capitale dévoratrice. Ils disent que des vérités universelles qui furent la grandeur de la France, — plus rien ne reste aujourd'hui qu'une force bestiale révolutionnaire dont le repaire est à Paris. La France se meurt de Révolutions en arrière.

°

Ensuite je leur ai dit, où j'ai du leur dire encore à ces braves gens, car ici la révélation était un devoir et le secret pesait à mon âme. J'ai du leur dire encore :

— « Messieurs, ce matin, quant à l'ombre d'une roche vous m'avez subitement aperçu, sur un gazon frais, savourant un moka délicieux en compagnie d'un ermite, vieillard agreste du voisinage, — vous m'avez fait le reproche aigre-doux de n'avoir point avec vous visité les grottes. Je tiens à me laver de cette indifférence.

Et me lavant ainsi j'accomplis un devoir.

Ce matin vos académies ont été *surprises*. Le vieillard, ermite m'a tout révélé.

Les grottes des Echelles ne sont point des grottes sincères ; elles sont un truc bien compris, mais un maquillage. L'aimable M. Perrin seul en est l'auteur.

Durant des années, avec obstination, avec une puissante énergie, il les a creusées de ses mains. avec la complicité d'une brouette nocturne. De là sa tendresse. »

Les académiciens furent attentifs, regardant toutefois M. Perrin avec indulgence. Fritz Maisonville me parut seul triompher à son aise. Il avait sur le cœur la marinade de ses bottines et de son chapeau.

Quand la table fut abandonnée pour courir encore précipitamment au P.-L.-M, le dernier Cliquot et le dernier Rœderer avaient mordu la poussière.

**

C'en est fait, P.-L.-M. nous emporte et devait nous emporter loin. Ce ne sont plus des hommes de raison qu'il emporte, mais des esprits pulvérisés, des cerveaux en marmelade ne s'appartenant plus, transportables mais nulle part présentables. Nous étions épars dans les wagons. Dans le mien, le général Levert, la dame exquise notre compagne, le comte de Galbert, Fritz Maisonville. Durant tout le long du parcours Maisonville paraissant s'adresser à moi, murmurait des paroles disparates, désordonnées.

**

— « Vous avez vu la Colonne de Boigne ? »
— « J'ai vu la colonne, je la vois encore. »
— « Quatre Eléphants la soutiennent, un Eléphant à chaque point cardinal. »
— « Quatre Eléphants vous avez bien vu. »
— « C'est trop d'Eléphants ; par quelque côté qu'il arrive à Chambéry ; l'étranger aperçoit un Eléphant et *sa trompe*..... celui qui se croirait en pays indien ou bien en Afrique. »

Maisonville murmurait encore ;
— « L'Eléphant me semble heureux et favorisé parmi tous entre les êtres de la création, il est le seul dont après sa mort chacun s'empresse de prendre la *défense*. »

Je rassemblai mes forces pour lui répondre ;
— « Eh bien! qu'importe à l'Eléphant cette marque de bienveillance, puisqu'alors il n'a plus rien à y *voir*. »

Et ce fut ainsi tout le temps. Pourtant Maisonville

plus d'une fois dans la journée a piloté de son bras ma vieillesse; je l'absous de ses dires hallucinés comme aussi de ses piqûres de guêpe.

Mais le P.-L.-M. s'en va toujours son train, Grenoble, 10 heures 30, Voiron, 11 heures 30. Ronjat est moribond comme moi, Paulin Vial montre seul encore une assez bonne contenance. Une servante dévouée m'aide de ses bras puissants à me hisser dans mon lit.

.·.

Aujourd'hui ma cervelle a repris connaissance des fièvres tumultueuses de cette journée, plus rien ne reste en elle qu'un élixir reposé, et, cet élixir, je l'enferme au flacon de mes souvenirs. Tel un vin généreux se dégage de la rougeole que lui donnent le moût et ses impuretés.

Par Jupiter! — aujourd'hui j'appelle Dieu Jupiter pour ne point désobliger nos gouvernants, — par Jupiter! la terre de Savoie est une noble terre, — et qui n'a point démoli ses gloires de sa propre main. On y sent l'air imprégné, et je m'y suis senti pénétré des effluves des âmes incomparables des deux de Maistre.

ALPINUS.

185

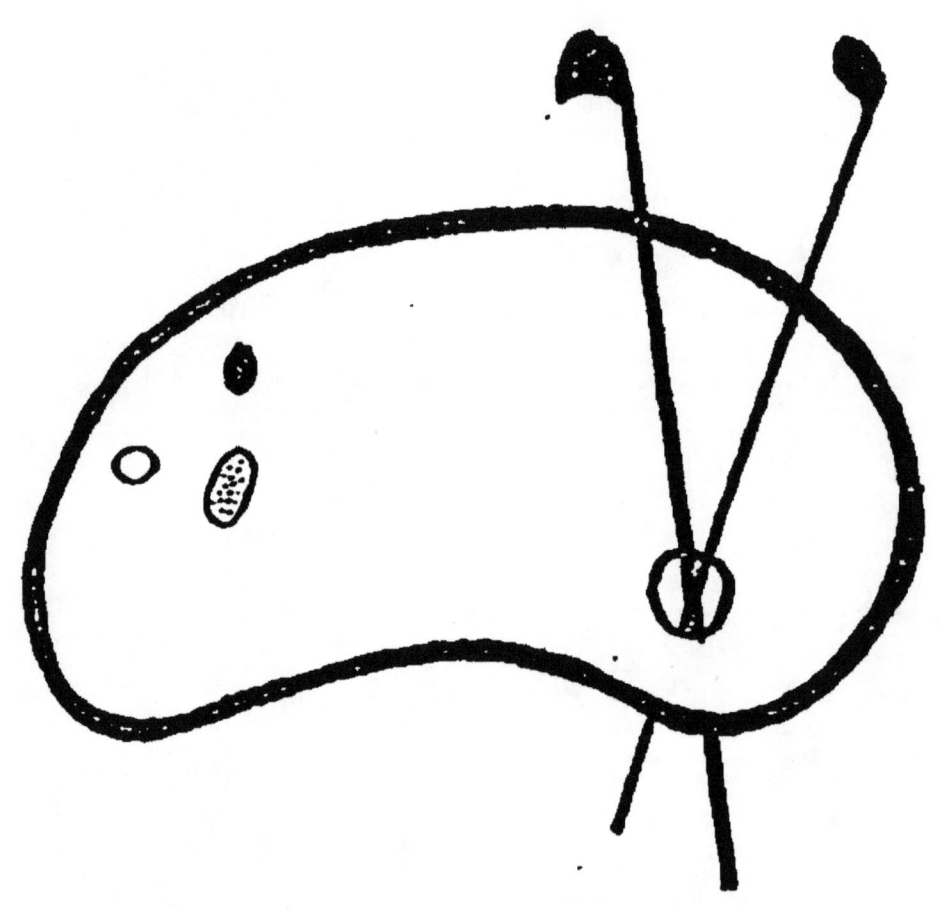

ORIGINAL EN COULEUR
NF Z 43-120-8

www.ingramcontent.com/pod-product-compliance
Lightning Source LLC
Chambersburg PA
CBHW061524040426
42450CB00008B/1781